AF310061

INSTRUCTION PUBLIQUE.

FACULTÉ DE DROIT DE STRASBOURG.

ACTE PUBLIC

SUR LES
EMPÊCHEMENS DE MARIAGE,

SOUTENU

A LA FACULTÉ DE DROIT DE STRASBOURG,

Le Samedi 13 Décembre 1817, à quatre heures de relevée,

POUR OBTENIR LE GRADE DE LICENCIÉ EN DROIT,

PAR

ANTOINE BAILLET,

DE COLMAR (HAUT-RHIN),

BACHELIER EN DROIT ET ÈS-LETTRES.

STRASBOURG,

De l'imprimerie de LEVRAULT, impr. de la Faculté de Droit.

1817.

A

MA MÈRE :

RESPECT ET DÉVOUEMENT.

ANTOINE BAILLET.

M. Hermann, Chevalier de l'Ordre royal de la Légion d'Honneur,
Doyen de la Faculté de Droit.

EXAMINATEURS:

MM. Frantz,
  Thieriet de luyton, } Professeurs.
  Laporte,
  Blœchel . . . . Suppléant.

DES
EMPÊCHEMENS DE MARIAGE.

Lᴇ mariage a, dans tous les temps, fixé l'attention des législateurs.

Il appartient à la fois au droit naturel, au droit civil, et à la loi religieuse.

Il appartient au droit naturel, parce qu'il a son principe dans la nature, qui, dit l'orateur du Gouvernement, a voulu nous associer, en ceci, au grand ouvrage de la création.

Il appartient au droit civil, parce que, comme contrat, il est subordonné aux lois établies pour régir les contrats.

Il appartient, enfin, à la loi religieuse, lorsqu'on le considère comme sacrement.

La loi naturelle, qui n'aperçoit dans ce contrat que l'union de l'homme et de la femme, dans l'intention de procréer des enfans, n'exige que la faculté morale du consentement et une constitution physique telle qu'elle ne s'oppose point à la génération.

La loi civile et la loi religieuse, considérant le mariage sous des rapports bien plus multipliés, ont subordonné sa validité à un plus grand nombre de conditions. De l'inobservation de ces conditions naissent les empêchemens.

Des empêchemens en général.

On entend par empêchement de mariage, un obstacle qui s'oppose, pour un temps ou pour toujours, à ce que deux personnes se marient ensemble. Cet obstacle réside dans la loi, qui interdit le mariage à de certaines personnes, et prescrit des formalités sans lesquelles il ne peut exister. Il est hors de doute que, dans notre législation actuelle, la loi civile seule peut établir des empêchemens au mariage considéré comme contrat. La puissance séculière a reçu de Dieu même le droit de régler, par des lois, tout ce qui appartient au Gouvernement et au bon ordre de la société civile : or il n'est point de contrat qui intéresse plus la société entière que le mariage.

L'Église, qui n'avoit jamais regardé les lois des Empereurs sur les mariages comme des entreprises de la puissance séculière sur la puissance ecclésiastique, s'étoit bornée, dans les premiers temps, à en recommander la stricte observation. Plus tard les papes et les conciles s'attribuèrent le droit d'établir des empêchemens. Ces empêchemens ne pouvoient seuls et par eux-mêmes donner atteinte au contrat civil; ils ne concernoient que le sacrement : ce ne fut que l'approbation de la puissance séculière qui les rendit efficaces à l'égard de ce contrat. [1]

Anciennement, nos institutions civiles se lioient étroitement à nos institutions religieuses : nos lois avoient donc adopté un grand nombre de ces empêchemens, appelés canoniques, parce qu'ils avoient leur source dans les canons de l'Église. Aujourd'hui, la liberté des cultes a été proclamée, et la loi, qui ne veut pas forcer les opinions religieuses des citoyens, ne voit que des François, comme la nature ne voit que des hommes [2]. Il n'existe donc plus d'empêchemens canoniques aux yeux de la loi civile. Le mariage, comme contrat, est uniquement du ressort de cette dernière loi; les empêchemens ne peuvent donc plus résulter que des dispositions de cette loi seule.

Lorsqu'on considère la qualité des empêchemens, on remarque que la loi ne leur a pas attribué à tous une force égale. Les uns s'opposent, à la vérité, au mariage; mais ils ne dénouent pas le lien,

---

1 POTHIER, Traité du contrat de mariage, n.° 12.
2 Discours de M. PORTALIS, à la présentation du titre.

lorsqu'ils ont été surmontés : *Impediunt fieri, permittunt facta teneri*. Les empêchemens de cette espèce se nomment probibitifs ou empêchans.

Les autres présentent un obstacle insurmontable. Ils rompent un mariage dans lequel ils se rencontrent, ou, pour parler avec plus de justesse, ils empêchent qu'il ne soit valablement contracté : *Hæc facienda vetant connubia, facta retractant*. On les appelle dirimans.

Cette distinction des empêchemens, en prohibitifs et dirimans, ne se trouve pas littéralement établie dans le Code ; elle n'en existe pas moins dans le texte des différens articles. On peut croire que l'empêchement n'est que prohibitif, lorsque la loi, sans faire résulter la nullité du mariage de l'inobservation d'une des conditions qu'elle a prescrites, ne prononce qu'une peine contre l'Officier de l'état civil et les parties.

L'empêchement, au contraire, est dirimant lorsque la loi frappe formellement de nullité. Je vais traiter séparément ces deux espèces d'empêchemens.

CHAPITRE Ier

Empêchemens prohibitifs.

L'empêchement prohibitif, comme il a été déjà dit plus haut, est un obstacle qui s'oppose à ce qu'un mariage soit licitement contracté, mais qui n'annulle pas le mariage, lorsqu'il a été surmonté même sans dispense. La faveur que le législateur accorde au mariage, ne permet donc point ici l'application du principe : *Quod ab initio vitiosum est, tractu temporis convalescere nequit.*

Nos anciennes lois, qui avoient adopté textuellement la distinction des empêchemens en prohibitifs et dirimans, plaçoient parmi les premiers le vœu simple de chasteté et les fiançailles.

Celui qui, au mépris de son vœu, contractoit mariage, péchoit à la vérité, mais le mariage même restoit néanmoins valable. Il en étoit de même des fiançailles : le mariage devant essentiellement être libre, les juges ne pouvoient jamais contraindre à l'exécution des promesses de mariage ; celle des parties qui manquoit à la sienne, ne se rendoit passible que de peines canoniques.

Notre Code n'a déterminé ni le nombre, ni l'espèce des empêchemens prohibitifs ; les juges, dans leurs décisions, auront égard aux circonstances particulières et à l'état des personnes. Je me bornerai donc ici à parler de quelques-uns de ces empêchemens seulement.

Défaut de publication. — La publicité est de l'essence du mariage. Pour lui donner cette publicité, la loi a prescrit différentes formalités, et d'abord elle a ordonné qu'il seroit précédé de deux publications. Le défaut de ces publications ne forme cependant qu'un empêchement prohibitif. Ces publications ne sont qu'un moyen accessoire dont la loi s'est servie pour rendre le mariage public : la publicité ne réside essentiellement que dans la célébration du mariage devant l'officier civil compétent, en présence des témoins requis. Le mariage peut donc avoir été public et ne pas avoir été précédé de publications : aussi la loi n'a-t-elle prononcé qu'une amende contre l'officier de l'état civil et les parties, sans frapper de nullité le mariage même.

Le même principe avoit été adopté par notre ancienne législation, et un mariage dont la publicité n'auroit pas été contestée et qui n'auroit pas été accusé de clandestinité, ne pouvoit être attaqué pour défaut de proclamation de bans. [1]

La loi du 20 Septembre 1792 étoit aussi conforme à cette jurisprudence, qui se trouve encore confirmée par un arrêt de la cour de cassation du 28 Floréal an XI.

Mariage célébré hors la maison commune. — Si, comme nous l'avons posé en principe, la publicité du mariage réside essentiellement dans la célébration devant l'officier civil en présence des témoins, le mariage célébré hors de la maison com-

---

[1] POTHIER, Traité du contrat de mariage, n.º 69.

mune pourra néanmoins être valable : il est vrai que la loi est formelle, et qu'elle exige que ce soit là [1] que se présentent les parties ; mais elle ne réprouve et ne frappe d'une nullité absolue que les mariages clandestins. [2]

Les parties ont pu se trouver empêchées de se transporter à la maison commune, comme dans le cas des mariages contractés *in extremis ;* elles ont pu d'ailleurs prendre toutes les précautions nécessaires pour donner à leur mariage la plus grande publicité : je ne crois pas que, dans un cas pareil, il puisse être annulé. C'est aussi dans ce sens que la Cour de cassation a jugé par arrêt du 10 Fructidor an X.

La loi a imposé aux enfans l'obligation de requérir le conseil de leurs ascendans, même après la majorité accomplie pour le mariage : l'autorité des parens a dû être limitée ; mais à tout âge les enfans leur doivent honneur et respect. Tel a été le motif de la loi. « Il nous a paru utile aux mœurs, dit l'orateur du Gouver-
« nement, de faire revivre cette espèce de culte rendu par la piété
« filiale au caractère de dignité, et j'ose dire de majesté, que la
« nature elle-même semble avoir imprimé sur ceux qui sont pour
« nous, sur la terre, l'image et même les ministres du Créateur. »

L'acte respectueux n'est donc qu'un témoignage de respect. Il n'est point essentiellement nécessaire à la validité du mariage, qui subsiste malgré le défaut de cet acte ; mais l officier de l'état civil qui auroit célébré le mariage sans s'assurer de l'observation de cette formalité, seroit condamné à une amende et même à un empri-sonnement[3]. On a ajouté ici l'emprisonnement, parce qu'une peine simplement pécuniaire auroit pu ne pas arrêter l'officier de l'état civil, qui pourroit en être amplement dédommagé par les parties.

---

1 Article 75.
2 Article 192.
3 Article 157.

Le lien d'un premier mariage forme un empêchement prohibitif, tant que l'existence du premier époux n'est pas prouvée.

La partie engagée par les liens d'un premier mariage, ne peut en contracter un second. Cette législation est commune à presque tous les peuples policés. Il faut donc, pour passer un second mariage, prouver la dissolution du premier. Si cependant le second mariage avoit été contracté, on ne pourroit astreindre l'époux remarié à administrer cette preuve. Ce seroit à ceux qui attaqueroient le second mariage à le faire. Le défaut de preuve du décès du premier époux ne formeroit donc à la rigueur qu'un empêchement purement prohibitif, tant que l'existence du premier époux ne seroit pas certaine.

Mariage des militaires sans l'autorisation du Gouvernement.

Un empêchement prohibitif se rencontre encore dans la défense faite aux militaires de se marier sans l'autorisation du Gouvernement. Le motif de cette défense a été d'empêcher que des officiers ne pussent contracter des mariages inconvenans, susceptibles d'altérer la considération due à leur caractère [1]. Néanmoins le mariage contracté par un militaire sans la permission requise ne seroit pas nul. En effet, la loi prononce à l'égard de ce militaire la destitution et la perte de ses droits, tant pour lui que pour sa veuve et ses enfans, à toute pension ou récompense militaire ; elle n'annulle pas son mariage.

CHAPITRE II.

Empéchemens dirimans.

Les empêchemens dirimans sont ceux qui rendent nul le mariage contracté. Ils naissent ou de la qualité même des personnes, ou de l'inobservation de certaines formalités prescrites par la loi : de là une première division des empêchemens dirimans. Les empêchemens qui résultent de la qualité des personnes, peuvent encore être tels qu'ils empêchent de contracter mariage avec

---

1 Décret du 16 Juin 1808.

qui que ce soit, ou qu'ils ne le défendent qu'avec de certaines personnes : de là naît une subdivision des empêchemens dirimans, dans la qualité des parties contractantes, en absolus et relatifs.

SECTION PREMIÈRE.

Empêchemens dirimans résultant d'une qualité qui existe dans les parties contractantes.

§. 1.er *Absolus.*

Notre législation a conservé la plupart des empêchemens de cette espèce qui avoient été adoptés par nos anciennes lois. Elle a néanmoins supprimé l'empêchement qui résultoit de l'impuissance. La preuve en est trop incertaine et trop scandaleuse pour qu'elle puisse être admise dans nos mœurs actuelles. Il falloit que l'impuissance fût perpétuelle et incurable pour former un empêchement dirimant au mariage. L'espèce d'impuissance qui résultoit d'une grande vieillesse n'étoit pas regardée comme suffisante, et notre jurisprudence en ceci étoit conforme à la loi romaine. [1]

Les empêchemens absolus qui se rencontrent dans le texte de notre Code ne sont plus qu'au nombre de cinq :

1.º Le défaut de puberté ;
2.º Le lien d'un premier mariage ;
3.º Le défaut de raison ;
4.º La profession religieuse ;
5.º La mort civile.

Le mariage embrassant à la fois l'homme physique et l'homme moral, le législateur devoit s'assurer que l'homme physique avoit la capacité nécessaire pour remplir sa destination : son premier soin

Défaut de puberté.

---

1 *L.* 27, *Cod. de nuptiis.*

devoit être de fixèr l'âge auquel il seroit permis de se marier. Cette époque n'a point été marquée par la nature d'une manière uniforme. Le climat et la constitution particulière de chaque individu la font varier plus ou moins. Une règle générale devenoit cependant indispensable : le législateur l'a posée, en fixant à quinze ans l'âge de puberté pour les filles, et à dix-huit ans celui des garçons [1]. Notre ancienne législation françoise avoit fixé cet âge à douze ans pour les filles et à quatorze ans pour les garçons : telles étoient aussi les dispositions de la loi romaine [2]. « Mais un pareil usage, dit l'orateur du « Gouvernement, ne s'accordoit pas avec la marche de la nature, « qui ne précipite jamais ses opérations. Il n'y avoit plus de jeu- « nesse pour celui qui usoit de ce dangèreux privilége. » La loi nouvelle, plus sage en ceci, a déterminé un âge où tous les individus peuvent être présumés avoir atteint leur puberté. Des circonstances particulières, mais majeures, peuvent exiger des exceptions : la loi a donc laissé au Gouvernement la latitude d'accorder des dispenses [3]. Si, sans les avoir obtenues, des impubères contractoient mariage, cette union, quoique radicalement nulle, pourroit néanmoins être réhabilitée dans deux cas [4] :

1.º Lorsqu'il s'est écoulé six mois depuis que les époux ont atteint l'âge compétent ;

2.º Lorsqu'avant l'échéance des six mois la femme est devenue enceinte.

Les motifs de cette disposition sont évidens : la présomption ne peut jamais combattre un fait.

Un second empêchement dirimant absolu résulte du lien d'un premier mariage. Celui qui s'y trouve engagé ne peut en contracter un second avant sa dissolution [5]. La loi qui établit cette défense,

Le lien d'un premier mariage.

---

1 Article 144.

2 *Instit. titul. de nupt.*

3 Article 145.

4 Art. 185.

5 Art. 147.

n'est pas ici une loi religieuse ; elle est purement civile : elle est donc obligatoire pour les François même sectateurs d'une religion qui permettroit la polygamie. La preuve de la dissolution du premier mariage doit être administrée par l'époux qui veut en contracter un second. Cette preuve doit être complète ; elle n'admet aucune exception. Ainsi les présomptions qui pourroient résulter, soit de témoignages vocaux, soit d'une absence prolongée, seroient insuffisantes. [1]

L'empêchement résultant du lien d'un premier mariage s'étend même, à l'égard de la femme, au-delà de sa dissolution. La loi lui défend de se marier dans les dix mois qui suivent cette dissolution [2]. Cette défense, fondée sur des motifs de décence et d'honnêteté publique, et sur le motif plus important de la confusion du part, forme un empêchement dirimant absolu temporaire. Ce point néanmoins est controversé. L'opinion de DELVINCOURT est pour l'affirmative [3]. Il y a d'abord prohibition de la loi : *La femme ne peut*, etc., dit l'article. Il est vrai que la nullité de l'acte n'est pas littéralement prononcée : mais, toutes les fois que la loi s'explique d'une manière prohibitive, qu'elle dit qu'un individu ne peut faire tel ou tel acte, elle a, par cela seul, attaché à sa personne l'incapacité légale de faire cet acte ; elle a donc aussi frappé de nullité l'acte fait contre sa prohibition. D'ailleurs, la loi n'ayant prononcé aucune peine particulière ni contre les époux ni contre les officiers de l'état civil, la contravention resteroit impunie, et la loi seroit inefficace, si le mariage même n'étoit pas nul.

Le troisième empêchement dirimant absolu résulte du défaut de raison. Il n'y a point de mariage lorsqu'il n'y a pas de consentement [4]: or il n'y a point de consentement lorsqu'il y a absence

Défaut de raison.

---

1 Avis du Conseil d'État, approuvé le 17 Germinal an XIII, Bulletin n.° 666.
2 Art. 228.
3 DELVINCOURT, Instit. de droit civil, note 10, à la fin du livre 1.er
4 Art. 146.

de raison. Si l'état de démence d'une personne présentoit des intervalles lucides, le mariage qu'elle auroit contracté dans un de ces intervalles seroit valable[1] ; car, pour décider de la validité d'un mariage, on ne considère que l'époque de la célébration. La charge de prouver que le mariage a été contracté dans un intervalle lucide, lorsque la démence existoit dans l'une des parties avant le mariage, est imposée à ceux qui veulent en soutenir la validité. Une poursuite en interdiction n'empêcheroit pas même le mariage; car le juge peut, sans décider au fond et après un interrogatoire seulement, ordonner qu'il sera procédé au mariage. [2]

Profession religieuse. Les vœux solennels de chasteté, et l'engagement dans les ordres sacrés, n'avoient long-temps été regardés par l'Église que comme des empêchemens prohibitifs. Le second concile de Latran, confirmé dans la suite par le concile de Trente, les rendit dirimans. Cette discipline avoit été adoptée en France par la puissance séculière.

La loi nouvelle se tait; il n'existe même sur ce point qu'une jurisprudence assez vacillante : la seule autorité à citer, c'est une lettre du Ministre des cultes au Préfet du département de la Seine inférieure, datée du 3o Janvier 1807. Elle porte en substance, que, d'après une décision du chef du Gouvernement, le mariage des prêtres qui, depuis le concordat, se sont mis en communion avec leur évêque, et ont continué ou repris les fonctions de leur ministère, ne pouvoit plus être toléré ; que les autres étoient abandonnés à leur propre conscience. Rien de positif n'est donc décidé à l'égard de ces derniers.

Mort civile. La mort civile, emportant, à l'égard de celui qui en est frappé, privation de tous les droits qui ne sont pas rigoureusement nécessaires au soutien de sa vie naturelle, et dissolution du mariage qu'il auroit précédemment contracté, doit, à plus forte raison,

---

1 POTHIER, Traité du contrat de mariage, n.° 92.

2 MALEVILLE, Analyse raisonnée du Code civil, article 174.

former un empêchement invincible à ce qu'il puisse en contracter un lorsque déjà il a encouru cette mort. [1]

Le divorce, lorsqu'il étoit encore autorisé par la loi, ne devenoit un empêchement dirimant absolu que quand il avoit eu lieu par consentement mutuel, et dans ce cas-là même il n'étoit que temporaire. L'incapacité de contracter un nouveau mariage, n'existoit, à l'égard des époux, que pendant trois ans, à compter du jour de la prononciation du divorce.

§. 2. *Empêchemens relatifs.*

Les empêchemens relatifs sont ceux qui ne défendent le mariage qu'avec de certaines personnes : anciennement ils étoient assez nombreux ; la diversité de religion, l'adultère, l'affinité spirituelle, le rapt, le meurtre, formoient autant d'empêchemens dirimans relatifs, qui n'existent plus aujourd'hui [2]. Depuis la suppression du divorce ces empêchemens ne sont plus qu'au nombre de deux : la parenté et l'alliance.

La parenté est une liaison produite par la nature seule, ou par la loi seule, ou ensemble par la nature et par la loi : de là la division de la parenté en naturelle, civile et mixte.
Parenté.

Différens motifs ont guidé le législateur lorsqu'il a défendu le mariage pour raison de parenté. « Dans tous les temps, dit l'ora-
« teur du Gouvernement, le mariage a été prohibé entre les enfans
« et les auteurs de leurs jours. Il seroit souvent inconciliable
« avec les lois physiques de la nature ; il le seroit toujours avec
« la pudeur. Il changeroit les rapports essentiels qui doivent exister
« entre les pères, les mères et leurs enfans ; il répugneroit à leur
« situation respective, il bouleverseroit entre eux tous les droits
« et tous les devoirs ; il feroit horreur.

---

1 Article 25.
2 Pothier, Traité du contrat de mariage, n.° 120.

Il falloit empêcher aussi que les familles, en se resserrant, ne formassent des troubles, des cabales et des divisions dans l'État : d'un autre côté, pour conserver la chasteté dans les mœurs, il devenoit nécessaire de défendre le mariage du frère avec la sœur, de l'oncle avec la nièce, etc., parce que, ces personnes vivant ou ayant occasion de vivre fréquemment ensemble, leur familiarité auroit pu produire de grands désordres si on leur avoit laissé la perspective de les réparer par une union légitime.

J'ai divisé plus haut la parenté en naturelle, civile et mixte ; je vais exposer séparément les empêchemens qui résultent particulièrement de chacune d'elles.

1.° Naturelle. La parenté naturelle n'est produite que par la seule nature : elle existe entre les enfans naturels, leurs père et mère, et les parens de ceux-ci. A raison de cette parenté le mariage est toujours prohibé en ligne directe à l'infini [1]. Aucune législation n'a jamais varié sur ce principe. En ligne collatérale la prohibition n'a lieu que jusqu'au deuxième degré [2]. Anciennement le mariage étoit défendu entre parens jusqu'au quatrième degré : on ne considéroit que la proximité seule du sang, sans avoir égard à la nature de la parenté. Telle étoit aussi la disposition de la loi romaine, qui faisoit toujours résulter un empêchement dirimant de la parenté, quelle que fût sa nature. *Nihil interest, ex justis nuptiis cognatio descendat, an vero non.* [3]

2.° Civile. Cette parenté, connue chez les Romains, étoit celle qui se formoit par l'adoption. Cet usage, tombé depuis long-temps en désuétude parmi nous, fut rétabli dans toute la France dès l'année 1793. La parenté civile a lieu entre l'adoptant, l'adopté et ses descendans, ainsi qu'entre les enfans naturels et adoptifs du même individu. La loi n'a donc établi aucun lien de parenté entre l'adopté et les

---

1 Article 161.
2 Article 162.
3 *L.* 24, *ff. de ritu nuptiarum.*

ascendans de l'adoptant : elle n'a donc prohibé le mariage, en ligne directe, qu'entre l'adoptant, l'adopté et ses descendans ; entre l'adopté et le conjoint de l'adoptant, et réciproquement entre l'adoptant et le conjoint de l'adopté. [1]

En ligne collatérale la prohibition est la même que dans le cas de la parenté naturelle ; elle se borne au deuxième degré. En ceci notre législation diffère essentiellement des lois romaines, qui, lorsque l'adoption avoit été faite d'une manière solennelle, faisoient naître de cette parenté le même empêchement que de la parenté mixte. Lors même que la parenté civile avoit été dissoute par l'émancipation, l'empêchement subsistoit toujours en ligne directe ; en collatérale, au contraire, il cessoit avec cette parenté. [2]

La parenté mixte résulte de la nature et de la loi. Cette parenté, dans tous les temps et chez tous les peuples, a formé, en ligne directe, un empêchement dirimant de mariage ; mais en ligne collatérale la législation a singulièrement varié dans ses défenses. La loi divine condamnoit, comme incestueux, le mariage du frère avec sa sœur, et celui du neveu avec sa tante. La loi romaine étendit cette défense aux mariages du petit-neveu avec sa grande-tante, de l'oncle avec sa petite-nièce, par la raison que les rapports entre ces personnes sont, pour ainsi dire, les mêmes que ceux des enfans avec leurs parens : *Sororis pronepotem non possum ducere uxorem, quoniam parentis loco ei sum* [3]. A l'égard des cousins-germains, les lois romaines et celles de l'Église s'accordoient d'abord à permettre leur mariage. THÉODOSE LE GRAND fut le premier qui les défendit. JUSTINIEN [4] leva cette défense, et les permit de nouveau. L'Église, depuis, s'attribua le droit d'établir des

3.e Parenté mixte.

---

1 Art. 348.

2 §§. 1 et 2, *Inst. de ritu nuptiarum.*

3 L. 59, *ff. de ritu nuptiarum.*

4 L. 19, *Cod. de nuptiis.*

défenses de mariage, et de fixer le degré à partir duquel il seroit permis. Dans le 6.ᵉ siècle, le concile d'Agde décida que la parenté, quelque éloignée qu'elle fût, formoit un obstacle invincible au mariage. Les conciles qui furent tenus peu de temps après, restreignirent néanmoins cette défense trop illimitée, et la bornèrent aux mariages entre cousins issus de germains. Après avoir été depuis successivement étendue et restreinte, elle fut fixée d'une manière définitive par INNOCENT III, au concile de Latran, en 1215, au quatrième degré [1]. Cette décision fut toujours observée en France jusqu'à la loi du 20 Septembre 1792. Celle-ci n'avoit prohibé le mariage qu'entre les ascendans et les descendans, et les alliés dans la même ligne, et entre le frère et la sœur. Le Code, en abrogeant à son tour cette loi, statua [2] :

1.º Que le mariage seroit prohibé entre tous les ascendans et descendans légitimes et naturels ;

2.º Qu'en ligne collatérale il le seroit entre le frère et la sœur légitimes et naturels, et qu'il n'y auroit point de dispenses pour ces mariages ; qu'il le seroit encore entre l'oncle et la nièce, la tante et le neveu, mais qu'il pourroit être accordé des dispenses. La loi actuelle a donc limité au troisième degré inclusivement les défenses de mariage entre parens : elle a permis celui des cousins-germains. Ni la loi naturelle ni la loi divine [3] ne l'avoient défendu : les mœurs et les intérêts politiques ont seuls motivé les défenses que les législateurs avoient portées à cet égard. Ces raisons n'existent plus. « Le temps n'est plus où les cousins-germains « vivoient comme des frères, et où l'on voyoit une nombreuse « famille, rassemblée tout entière, ne former qu'un seul et « même ménage dans une commune habitation Aujourd'hui les

---

1 POTHIER, Traité du contrat de mariage, n.ᵒˢ 132 et suivans.
2 Articles 161, 162, 163, 164.
3 Lev. 20, 17.

« frères mêmes sont quelquefois plus étrangers les uns aux autres,
« que ne l'étoient autrefois les cousins-germains. [1] »

L'alliance ou l'affinité est le lien qui unit l'un des époux aux Alliance.
parens de l'autre époux : *Est conjunctio ex copulâ carnali prove-
niens inter conjugem unum et alterius cognatos* [2]. Comme il n'y
a entre les alliés ni génération ni souche commune, il n'existe,
à proprement parler, dans l'alliance ni ligne ni degrés; ce n'est
que par analogie qu'elle les a empruntés de la parenté, c'est-à-
dire, qu'une personne est alliée du mari dans la même ligne et
au même degré qu'elle est parente de la femme, et réciproquement.

Avant le troisième concile de Latran, les canonistes distinguoient
trois espèces d'affinité. La première étoit celle qui existoit entre
l'un des conjoints par mariage et les parens de l'autre conjoint;
la seconde avoit lieu entre l'un des conjoints et les alliés de l'autre; la troisième, entre l'un des conjoints et les alliés de la seconde
espèce de l'autre conjoint. Ces deux dernières espèces d'affinité
furent abrogées par le concile de Latran; la première seule con-
tinua à former un empêchement dirimant. Il fut adopté par la loi
civile, ainsi que celui que produisoit l'affinité spirituelle. Cette
affinité naît du baptême. Le concile de Trente restreignit cette
alliance, autrefois bien plus étendue, à celle que contractent la
personne qui baptise, le parrain et la marraine, avec la personne
baptisée et ses père et mère.

Une autre espèce d'affinité résultoit encore de l'union illicite. Le
concile de Trente avoit également restreint au deuxième degré
l'empêchement qui en résultoit. La loi civile ne connoît plus aujourd'hui que l'affinité qui naît du mariage ; c'est aussi la seule
qui étoit admise par la loi romaine : *Conjungendæ adfinitatis
causa fit ex nuptiis* [3]. En ligne directe, elle forme un empêche-

---

1 Discours de M. Portalis, à la présentation du titre.

2 L. 4, § 5, *ff. de grad. et adfin.*

3 L. 4, §. 5, *de grad. et adfin.*

ment dirimant au mariage : la loi divine et les lois positives ne varient point dans ce principe; mais, quant à l'empêchement que produisoit l'affinité en ligne collatérale, on trouve dans les législations la même variation que j'ai fait remarquer plus haut en parlant de la parenté. La loi romaine ne défendoit pas le mariage entre alliés en ligne collatérale[1]. L'empereur Constance fut le premier qui défendit comme incestueux le mariage avec la veuve de son frère, ou avec la sœur de sa défunte femme; mais là se bornoient toutes les défenses. L'Église, en étendant et en restreignant les prohibitions de mariage pour cause de parenté, y comprit également l'affinité, et le concile de Latran, en limitant au quatrième degré la défense de mariage entre parens, l'a bornée au même degré entre alliés. Telle a toujours été depuis la discipline de l'Église. Elle fut en vigueur en France jusqu'à la loi du 20 Septembre 1792, qui permit les mariages entre beaux-frères et belles-sœurs. Le Code, en l'abrogeant, a fixé définitivement au deuxième degré, en ligne collatérale, la défense de mariage pour cause d'alliance.[2]

Section II.

Empéchemens dirimans résultant de l'inobservation de certaines formalités prescrites par la loi.

Quoique le mariage soit de droit naturel, il est néanmoins, comme contrat, subordonné à de certaines formalités civiles, sans lesquelles il ne peut exister.

Il importe à la société que le consentement des époux intervienne d'une manière régulière; et comme elle contracte elle-même des obligations envers les époux, le législateur a dû établir

---

1 Pothier, Contrat de mariage, n.° 155.
2 Art. 161, 162, 163.

des formalités capables de fixer la certitude des mariages et de leur donner le plus haut degré de publicité[1]. Ainsi,

Le défaut de consentement des parties contractantes;

Le défaut de consentement de ceux dont dépendent les parties;

La clandestinité du mariage;

L'incompétence de l'officier de l'état civil devant lequel il est célébré, forment autant d'empêchemens dirimans, que je vais considérer séparément.

Le mariage est un contrat, et le consentement est de l'essence de tous les contrats. Il suit de là que ceux qui sont dans l'incapacité légale de consentir, ne peuvent se marier : tels sont les interdits. Le sourd-muet sera-t-il considéré comme étant frappé de la même incapacité? INNOCENT III décida que les sourds-muets pourroient se marier, si par des signes certains ils pouvoient exprimer leur consentement. Notre Code ne contient à cet égard aucune disposition particulière. Dans la discussion qui eut lieu au Conseil d'État[2], on convint que le sourd-muet avoit même plus de besoin qu'un autre de se marier, pour s'attacher une compagne qui le serviroit avec plus d'affection que des domestiques, vu qu'on avoit trouvé l'art de le faire s'expliquer et entendre. Mais il falloit déterminer la manière dont les sourds-muets de naissance exprimeroient leur consentement : c'est ce qu'on a omis de faire. Il faut donc se rattacher à l'article[3] général du Code, qui porte qu'il n'y a point de mariage sans consentement.

Il n'y a point de consentement, lorsqu'il y a erreur substantielle, parce qu'alors les deux volontés ne concourent pas sur un même objet, *in idem placitum*. Par erreur substantielle on entend celle qui tombe sur la personne même. L'erreur accidentelle

1.° Défaut de consentement des parties contractantes.

---

1 Discours de M. PORTALIS, à la présentation du titre.
2 MALEVILLE, Analyse raisonnée du Code civil, art. 146.
3 Art. 146.

est celle qui ne tombe que sur quelque qualité de la personne. Le consentement subsiste malgré cette erreur, et le mariage reste valable, si même l'erreur accidentelle résulte du dol de l'autre partie [1]. La raison de la différence entre ces deux espèces d'erreur est sensible. Il est de l'essence du mariage qu'il y ait un homme et une femme qui veulent s'épouser ; cette volonté n'existe plus lorsqu'il y a erreur substantielle : mais il n'est pas de même de l'essence de ce contrat que l'une ou l'autre des parties ait réellement des qualités qu'on ne faisoit que lui supposer. La loi romaine [2] et les lois ecclésiastiques n'avoient admis qu'une seule exception, pour le cas où il y auroit erreur dans la condition, comme si un homme avoit contracté mariage avec une femme esclave qu'il croyoit libre.

S'il n'y a point de consentement lorsque l'erreur est substantielle, il est vicieux, et non valable lorsqu'il a été extorqué par violence, ou surpris par dol [3] : *Nihil consensui tam contrarium est quàm vis atque metus* [4]. Pour que la violence annulle le consentement, elle doit être de nature à faire impression sur une personne raisonnable : *metus qui cadere possit in constantissimum virum* [5]. Elle ne doit pas être simplement révérencielle ; elle doit inspirer la crainte d'exposer sa personne ou sa fortune à un mal considérable et présent [6] : *vis atrox præsens, et adversùs bonos mores* [7]. Lorsque toutes ces qualités se trouvent réunies, il est indifférent que la violence ait été exercée par un tiers [8]. Un con-

---

1 Pothier, Traité du contrat de mariage, n.° 130.

2 Nov. 22, chap. 10.

3 Article 1109.

4 L. 116, *ff. de regulis juris.*

5 L. 6, *ff. quod metûs causâ.*

6 Art. 1112.

7 L. 3, §. 1, *ff. quod. metûs causâ.*

8 Art. 1111.

sentement surpris par dol n'est pas moins imparfait que celui qui a été extorqué par violence ; il faut néanmoins que les manœuvres pratiquées par l'une des parties aient été telles qu'il soit évident que, sans ces manœuvres , l'autre partie n'auroit pas contracté.

Comme les parties , par le mariage , disposent de leurs personnes , le consentement de ceux auxquels elles sont soumises devient indispensable. La nécessité de ce consentement est encore fondée sur l'amour des parens, sur leur raison et sur l'incertitude de celle de leurs enfans. L'obligation que la loi impose aux époux de le représenter, est donc une véritable protection qu'elle leur accorde contre leurs propres passions. La loi romaine ne permettoit pas aux enfans de famille de se marier sans avoir requis le consentement de leur père ou de leur aïeul paternel [1]. Mais, comme le droit de donner ce consentement étoit considéré comme un des droits attachés à la puissance paternelle, l'émancipation, qui dissolvoit cette dernière, rendoit les enfans *sui juris*, et les dispensoit de requérir ce consentement [2]. Les lois de l'Église furent, dans les premiers temps, parfaitement conformes aux lois romaines ; mais le concile de Trente réprouva cette doctrine, en frappant d'anathème ceux qui prétendoient que le mariage des enfans de famille, contracté sans le consentement de leurs parens, étoit nul : mais, comme l'a judicieusement observé un auteur, le concile ne supposoit pas l'existence d'une loi civile à cet égard. [3]

Nos anciennes lois françoises exigeoient impérieusement le consentement des parens au mariage de leurs enfans mineurs ; tombées en désuétude pendant quelques siècles, elles furent renouvelées aux États de Blois, et confirmées par la déclaration de Louis XIII de 1639. Quoique la nullité du mariage ne soit pas expressément prononcée par les lois que je viens de citer, elle

1 L. 2, *ff. de ritu nuptiarum.*
2 L. 25 , *ff. de ritu nuptiarum.*
3 Pothier, Traité du contrat de mariage, n.° 321.

paroît néanmoins résulter de leur esprit. Elles défendent aux curés de passer outre à la célébration du mariage des mineurs, s'il ne leur apparoît du consentement des père et mère, tuteurs ou curateurs, sous peine d'être punis comme fauteurs du crime de rapt. La loi suppose donc une séduction : or, s'il y a séduction, le consentement, qui est de l'essence du contrat, est entaché d'un vice qui le rend nul.

Il n'existoit d'exception que pour le cas où le père seroit absent, émigré pour cause de religion, mort civilement, ou contumax. Le consentement des tuteurs et curateurs n'étoit requis que dans le cas où le mineur n'avoit plus ni père ni mère.

A l'égard des majeurs, il falloit distinguer les majeurs de vingt-cinq ans de ceux qui en avoient trente : les premiers encouroient la peine d'exhérédation en se mariant sans le consentement de leurs parens ; les seconds, au contraire, n'étoient sujets à cette peine que lorsqu'ils avoient omis de le requérir.

Les enfans illégitimes n'étoient point astreints à représenter le consentement de leurs parens ; ils étoient abandonnés à leur libre arbitre. Cette disposition de la loi n'étoit que la conséquence du principe que le consentement des pères étoit uniquement un effet de leur puissance, et qu'il ne dérivoit pas originairement de l'intérêt des enfans, mais d'un droit inouï de propriété concédé à ceux qui leur avoient donné le jour.

Notre législation actuelle, en rendant hommage aux principes de nos anciennes lois, y a néanmoins apporté quelques changemens ; et d'abord, lorsqu'il existe des ascendans, la minorité pour le mariage dure jusqu'à l'âge de vingt-cinq ans pour les garçons, et vingt-un ans pour les filles. Cette différence entre les deux sexes se fonde sur ce que la nature a rendu les femmes plus précoces, et qu'il importe, pour la conservation des mœurs, de les marier plus tôt.

Tant que dure la minorité pour le mariage, le consentement

des ascendans devient indispensable, et il doit être requis dans l'ordre suivant.

Premièrement celui des père et mère : en cas de dissentiment, celui du père suffit[1]. Cette prééminence est accordée ici au sexe et à la qualité de père. Si l'un des deux est mort, ou s'il est dans l'impossibilité de manifester son consentement, comme dans le cas d'absence, d'interdiction, ou de mort civile, le consentement de l'autre suffit[2]. Si le père est contumax, forcera-t-on l'enfant à rapporter son consentement ? Les lois romaines[3] et nos anciennes lois françoises l'en dispensoient. Aujourd'hui la mort civile n'est encourue qu'au bout des cinq années de grâce. Pendant ce temps le père peut donc manifester son consentement ; mais la crainte de se découvrir l'arrêtera. MALEVILLE pense qu'il faut le considérer comme absent.[4]

Secondement. A défaut du père et de la mère, la loi exige le consentement des aïeuls et aïeules, et ainsi de suite : en cas de dissentiment dans la même ligne, l'avis de l'ascendant mâle est préféré ; s'il y a dissentiment dans les deux lignes, ce partage emporte consentement[5]. La loi romaine n'exigeoit, en cas de mort du père, que le consentement de l'aïeul paternel. Cette disposition dérivoit autant de l'autorité paternelle que de l'affection que tous les hommes ont pour leur nom, et qui n'existe pas avec autant d'énergie chez les femmes.

A défaut d'ascendans, la majorité pour le mariage, comme pour tous les actes de la vie civile, est fixée à vingt-un ans indistinctement pour les deux sexes : jusqu'à cet âge, les mineurs doivent obtenir le consentement du conseil de famille.

---

1 Article 148.
2 Art. 149.
3 L. 12 et 15, *ff. de capt. et postlim. rev.*
4 Analyse raisonnée du Code civil, art. 149.
5 Article 150.

Les enfans naturels reconnus sont soumis, comme les enfans légitimes, à rapporter le consentement de leurs père et mère[1]. Anciennement il n'étoit pas exigé. Notre législation a consacré à cet égard des idées plus équitables. Le premier devoir des pères est d'élever, de nourrir et d'entretenir leurs enfans ; la nature, indépendamment de toute loi positive, leur a imposé ce devoir : mais le consentement paternel au mariage fait aussi partie de cette tendre sollicitude que l'on doit apporter à leur éducation et à leur établissement.

La loi n'exige que le consentement des père et mère ; l'enfant naturel ne pouvant être reconnu que par eux, il n'acquiert des droits de famille qu'à leur égard seulement.

Les enfans naturels non reconnus, et ceux qui, après avoir été reconnus, ont perdu leurs père et mère, ne peuvent se marier avant l'âge de vingt-un ans qu'avec le consentement d'un tuteur nommé *ad hoc*.[2]

3.º Défaut de publicité ou clandestinité du mariage. Rien ne doit être caché dans un acte où le public même, à certains égards, est partie, et qui donne une nouvelle famille à la cité[3]. La loi ancienne réprouvoit également les mariages clandestins, et ne leur accordoit point d'effets civils. L'article 40 de l'ordonnance de Blois et la déclaration de 1639 exigeoient formellement que le mariage fût public. Notre législation actuelle, pour parvenir à cette publicité, prescrit à peu près les mêmes formalités qui étoient requises par nos ordonnances ; mais, comme elle a séparé d'une manière précise le contrat ecclésiastique du contrat civil, elle a substitué l'officier de l'état civil au curé, et la célébration dans la maison commune, à la célébration en face de l'Église. Quatre formalités sont dont requises aujourd'hui :

---

1 Article 158.

2 Art. 159.

3 Discours de M. PORTALIS.

1.° Deux publications, faites aux lieux déterminés par la loi et avec l'intervalle requis [1] ;

2.° La célébration dans la maison commune ;

3.° La présence de l'officier de l'état civil compétent ;

4.° La présence des témoins. [2]

En traitant des empêchemens prohibitifs, j'ai observé que la publicité du mariage résidoit principalement dans l'observation des deux dernières formalités ; que l'inobservation des deux premières pouvoit quelquefois ne produire qu'un empêchement prohibitif. Cependant il existe un cas où le défaut de publications peut former un empêchement dirimant. Ce cas se trouve dans l'article 170 du Code, qui porte que le mariage contracté en pays étranger entre François, et entre François et étranger, sera valable, s'il a été célébré dans les formes usitées dans ce pays, pourvu qu'il ait été précédé des publications prescrites. Il paroît résulter de cette rédaction que, dans ce cas, le défaut de publications entraîneroit la nullité du mariage ; et, en effet, la publicité est essentiellement requise pour le mariage, et ici les publications sont le seul moyen de publicité pour la France.

L'incompétence de l'officier de l'état civil emporte nullité du mariage [3]. Sa compétence est donc essentielle, et elle est déterminée par le domicile des parties. Nos lois, en ceci, ont adopté les dispositions de l'édit de 1697, qui avoit déterminé de la même manière la compétence du curé pour la célébration du mariage. Elles ne diffèrent qu'en deux points : l'officier de l'état civil ne peut plus, comme le pouvoient les curés, déléguer ses pouvoirs à un autre, qui ne seroit l'officier civil du domicile d'aucune des parties ; le concours des deux officiers civils, lorsque les parties

4.° Incompétence de l'officier de l'état civil.

___

1 Article 63.

2 Art. 75.

3 Art. 191.

ont deux domiciles différens, n'est plus de rigueur, comme l'étoit celui des curés.

Le domicile, pour tout ce qui concerne le mariage, s'établit par six mois d'habitation continue dans la même commune[1]. Il ne s'agit donc plus ici de discuter l'intention des parties; il n'y a qu'à constater le fait de l'habitation. Il suit de là que, pour que le mariage puisse être célébré, il faut qu'au moins l'une des parties réside depuis six mois dans la même commune.

Le mariage pourra-t-il être célébré dans le domicile que l'une des parties avoit, avant d'en acquérir un nouveau par six mois de résidence? Cette question, agitée au Conseil d'État, se trouve décidée d'une manière formelle par l'article 74, qui porte que le mariage devra être célébré dans le lieu du domicile. Or ce domicile s'acquiert par six mois d'habitation : on ne le célébreroit donc plus dans son domicile, si on alloit se marier dans celui qu'on a perdu.

---

1 Art. 74.

FIN.